Lib 40 5g 2

SOCIÉTÉ DES AMIS

DE LA

CONSTITUTION,

SÉANTE AUX JACOBINS,

RUE SAINT-HONORÉ,

A PARIS.

A PARIS,

DE L'IMPRIMERIE NATIONALE,

1791.

LISTE

DES SOCIÉTÉS AFFILIÉES.

NOMS *DES SOCIÉTÉS.*	*NOMS* *DES DÉPARTEMENS où elles sont situées.*
ABBEVILLE, ...	De la Somme.
Agde,	De l'Hérault,
Agen,	De Lot & Garonne.
Aigueperse,	Du Puy-de-Dôme.
Ajaccio,	De la Corse.
Aire,	Du Nord.
Aix,	Des Bouches du Rhône.
Alais,	Du Gard.
Alby,	Du Tarn.
Altkirch,	Du haut-Rhin.
Ambérieux,	De Rhône & Loire.
Ambert,	Du Puy-de-Dôme.
Amboise,	D'Indre & Loire.
Amiens,	De la Somme.
Angers,	De Maine & Loire.
Angoulême,	De la Charente.
Annonay,	De l'Ardèche.
Apt,	Des Bouches du Rhône.

NOMS DES SOCIÉTÉS.	NOMS DES DÉPARTEMENS où elles sont situées.
Arcis-sur-Aube,	De l'Aube.
Argenteuil,	De Seine & Oise.
Argentan,	De l'Orne.
Arnay-le-Duc,	De la Côte-d'Or.
Arras,	Du Pas de Calais.
Artonne,	Du Puy-de-Dôme.
Avesne,	Du Nord.
Avignon,	Comtat Venaissin.
Avranches,	De la Manche.
Auch,	Du Gers.
Auray,	Du Morbihan.
Aurillac,	Du Cantal.
Autun,	De Saone & Loire.
Auxerre,	De l'Yonne.
Bapaume,	Du Pas-de-Calais.
Barjac,	Du Gard.
Bar-le-Duc,	De la Meuse.
Bayonne,	Des basses-Pyrénées.
Beaugency,	Du Loiret.
Beaune,	De la Côte-d'or.
Beauvais,	De l'Oise.
Beausset,	Du Var.
Bédarieux,	De l'Hérault.
Belfort,	Du haut-Rhin.
Belvès,	De la Dordogne.
Bergerac,	De la Dordogne.
Bergues-Saint-Winox,	Du Nord.
Béthune,	*Idem.*
Bezançon,	Du Doubs.
Beziers,	De l'Hérault.

NOMS DES SOCIÉTÉS.	*NOMS* DES DÉPARTEMENS où elles sont situées.
Billom,	Du Puy-de-Dôme.
Bischweiller,	Du bas-Rhin.
Blaye,	De la Gironde.
Bleré,	D'Indre & Loire.
Blois,	De Loir & Cher.
Bois-d'Oingt,	De Rhône & Loire.
Bolbec,	De la Seine inférieure.
Bordeaux,	De la Gironde.
Boulogne,	Du Pas-de-Calais.
Bourbon-Lancy,	De Saone & Loire.
Bourbonne,	De la haute-Marne.
Bourbourg,	Du Nord.
Bourges,	Du Cher.
Bourg, ci-devant en Bresse,	De l'Ain.
Bourmont,	De la haute-Marne.
Brest,	Du Finistère.
Breteuil,	De l'Oise.
Brignoles,	Du Var.
Brilhac,	De la haute-Vienne.
Brioude,	De la haute-Loire.
Brives,	De la Corrèze.
Buxy,	De Saone & Loire.
Caën,	Du Calvados.
Cahors,	Du Lot.
Calais,	Du Pas-de-Calais.
Cambray,	Du Nord.
Carcassonne,	De l'Aude.
Carhaix,	Du Finistère.
Cassel,	Du Nord.
Castel-Jaloux,	De Lot & Garonne.

NOMS DES SOCIÉTÉS.	NOMS DES DÉPARTEMENS où elles sont situées.
Castelnaudary,	De l'Aude.
Castres,	Du Tarn.
Cette,	De l'Hérault.
Chaalons,	De la Marne.
Châlons,	De Saone & Loire.
Charolles,	*Idem.*
Chartres,	D'Eure & Loir.
Châteaudun,	*Idem.*
Château-Regnault,	D'Indre & Loire.
Château-Renard,	Du Loiret.
Château-Thierry,	De l'Aine.
Châtillon-lès-Dombes,	De l'Ain.
Châtillon,	De la Côte-d'Or.
Cherbourg,	De la Manche.
Chinon,	D'Indre & Loire.
Clermont-Ferrand,	Du Puy-de-Dôme.
Colmar,	Du haut-Rhin.
Cologne,	Du Gers.
Commercy,	De la Meuse.
Condom,	Du Gers.
Condé,	Du Calvados.
Condrieux,	De Rhône & Loire.
Cofolens,	De la Charente.
Corbeil,	De Seine & Oise.
Coutances,	De la Manche.
Craon,	De la Mayenne.
Craponne,	De la haute-Loire.
Cremieux,	De l'Isère.
Crest,	De la Drome.
Cuiseaux,	De Saône & Loire.

NOMS DES SOCIÉTÉS.	NOMS DES DÉPARTEMENS où elles sont situées.
Dax,	Des Landes.
Dieppe,	De la Seine inférieure.
Dijon,	De la Côte-d'Or.
Dôle,	Du Jura.
Douay,	Du Nord.
Draguignan,	Du Var.
Dunkerque,	Du Nord.
Duravel,	Du Lot.
Ecully-lès-Lyon,	De Rhône & Loire.
Epinal,	Des Vosges.
Etroeng,	Du Nord.
Evaux,	De la Creuse.
Figeac,	Du Lot.
Fleurences,	Du Gers.
Foix,	De l'Arriége.
Fougères,	d'Ille & Vilaine.
Gannat,	De l'Allier.
Gimont,	Du Gers.
Givet,	Des Ardennes.
Grasse,	Du Var.
Grenoble,	De l'Isère.
Guérande,	De la Loire inférieure.
Gueret,	De la Creuse.
Guingamp,	Des Côtes du Nord.
Hennebond,	Du Morbihan.
Hesdin,	Du Pas-de-Calais.
Huningue,	Du haut-Rhin.
Joigny,	De l'Yonne.
Juilly,	De Seine & Marne.
Issoudun,	De l'Indre.

NOMS DES SOCIÉTÉS.	NOMS DES DÉPARTEMENS, où elles sont situées.
Is-sur-Tille,	De la Côte d'Or.
La Barthe,	Des hautes-Pyrénées.
La Bassée,	Du Nord.
Laigle,	De l'Orne.
La Mothe-Chalencon,	De la Drôme.
Landeau,	Du bas-Rhin.
Landerneau,	Du Finistère.
Landrecy,	Du Nord.
Langon,	De la Gironde.
Langres,	De la haute-Marne.
Laon,	De l'Aisne.
La Rochelle,	De la Charente inférieure.
Lauzun,	Du Lot & Garonne.
Le Donjon,	De l'Allier.
Le Cateau, ci-devant Cambresis,	Du Nord.
Lectoure,	Du Gers.
Le Havre,	De la Seine inférieure.
Le Mans,	De la Sarthe.
Le Puy,	De la haute-Loire.
Lesparre,	De la Gironde.
Libourne,	*Idem.*
Lille,	Du Nord.
L'Isle-de Rhé,	De la Charente inférieure.
Limoges,	De la haute-Vienne.
Limoux,	De l'Aude.
Lizieux,	Du Cavaldos.
Loches,	D'Indre & Loire.
Lombès,	Du Gers.
Lons-le-Saunier,	Du Jura.

NOMS DES SOCIÉTÉS.	NOMS DES DÉPARTEMENS où elles sont situées.
L'Orient,	Du Morbihan.
Loriol,	De la Drôme.
Loùhans,	De Saone & Loire.
Louviers,	De l'Eure.
L'Oye, Municipalité de Sainte-Florence, près Chatenay,	De la Vendée.
Luçon,	Idem.
Luxeüil,	De la haute-Saone.
Lyon,	De Rhône & Loire.
Mâcon,	De Saône & Loire.
Mâne,	Des basses Alpes.
Marennes,	De la Charente inférieure.
Marmande,	De Lot & Garonne.
Marseille,	Des Bouches du Rhône.
Martel,	Du Lot.
Maubeuge,	Du Nord.
Maringues,	Du Puy-de-Dôme.
Mauriac,	Du Cantal,
Meaux,	De Seine & Marne.
Melun,	Idem.
Mer,	De Loir & Cher.
Metz,	De la Moselle.
Meyssac,	De la Corrèze.
Millau,	De l'Aveiron.
Mirande,	Du Gers.
Moissac,	Du Lot.
Montargis,	Du Loiret.
Montauban,	Du Lot.
Montbrison,	De Rhône & Loire.

NOMS DES SOCIÉTÉS.	NOMS DES DÉPARTEMENS où elles font situées.
Mont-de-Marsan,	Des Landes.
Montech,	De la haute-Garonne.
Montfaucon,	De la haute Loire.
Montflanquin,	De Lot & Garonne.
Montfort,	Du Gers.
Montelimart,	De la Drôme.
Montivilliers,	De la Seine inférieure.
Montoulieu,	De l'Aude.
Montpellier,	De l'Hérault.
Montréal,	Du Gers.
Moulins,	De l'Allier.
Morlaix,	Du Finistère.
Mugron,	Des Landes.
Murat,	Du Cantal.
Muret,	De la haute-Garonne.
Muffidan,	De la Dordogne.
Nancy,	De la Meurthe.
Nanterre,	De Paris.
Nantes,	De la Loire inférieure.
Narbonne,	De l'Aude.
Nérac,	De Lot & Garonne.
Nevers,	De la Nièvre.
Niort,	Des deux Sèvres.
Nismes,	Du Gard.
Nogaro.	Du Gers.
Nontron,	De la Dordogne.
Ollioules,	Des Bouches du Rhône.
Orange,	Du Gard.
Orléans,	Du Loiret.
Orival,	De la Seine inférieure.

NOMS DES SOCIÉTÉS.	NOMS DES DÉPARTEMENS où elles sont situées.
Ornans,	Du Doubs.
Paimbœuf,	De la Loire inférieure.
Pamiers,	De l'Arriége.
Paffy,	De Paris.
Pau,	Des basses-Pyrénées.
Périgueux,	De la Dordogne.
Perpignan,	Des Pyrénées orientales.
Pézenas,	De l'Hérault.
Poitiers,	De la Vienne.
Pontarlier,	Du Doubs.
Pont-Audemer,	De l'Eure.
Pont du-Château,	Du Puy de Dôme.
Pont-de-vaux,	De l'Ain.
Pontivy,	Du Morbihan.
Pontoise,	De Seine & Oise.
Port-Louis,	Du Morbihan.
Provins,	De Seine & Marne.
Quimperlé,	Du Finistère.
Quimper,	Idem.
Reims,	De la Marne.
Rennes,	D'Ille & Vilaine.
Rhodez,	De l'Aveiron.
Riom,	Du Puy de Dôme.
Rochefort,	De la Charente inférieure.
Romans,	De la Drôme.
Romorentin,	Du Loir & Cher.
Rouen,	De la Seine inférieure.
Rostrenen,	Des côtes du Nord.
Ruffec,	De la Charente.
Sallies,	Des basses-Pyrénées.

NOMS DES SOCIÉTÉS	NOMS DES DÉPARTEMENS où elles sont situées.
Saintes,	De la Charente inférieure.
Salins,	Du Jura.
Saint-Amant,	Du Nord.
Saint-Aignan,	De Loir & Cher.
Sarlat,	De la Dordogne.
Saint-Brieuc,	Des côtes du Nord.
Saint-Calais,	De la Sarthe.
Saint-Clar-de-Lomagne,	Du Gers.
Saint-Ceré,	Du Lot.
Saint-Chamond,	De Rhône & Loire.
Saint-Denis,	De Paris.
Saint-Dié,	Des Vôges.
Saint-Dier,	Du Puy-de-Dôme.
Sedan,	Des Ardennes.
Sémur,	De la Côte d'Or.
Sennecey,	De Saône & Loire.
Sens,	De l'Yonne.
Saint-Etienne,	De Rhône & Loire.
Sèvres,	De Seine & Oise.
Seures,	De la Côte d'Or.
Sezanne,	De la Marne.
Saint-Fargeau,	De l'Yonne.
Saint Flour,	Du Cantal.
Sainte-Foy,	De la Gironde.
Saint-Geniez,	De l'Aveiron.
Saint-Germain,	De Seine & Oise.
Saint-Girons,	De l'Arriége.
Saint-Jean-d'Angely,	De la Charente inférieure.
Saint-Lô,	De la Manche.
Saint-Maixent,	Des deux Sèvres.

NOMS DES SOCIÉTÉS.	NOMS DES DÉPARTEMENS où elles sont situées.
Saint-Malo,	D'Ille & Vilaine.
Saint-Marcelin,	De l'Isère.
Saint-Nazaire-le-Désert,	De la Drôme.
Soissons,	De l'Aisne.
Saint-Omer,	Du-Pas de Calais.
Souillac,	Du Lot.
Saint-Pol,	Du-Pas de Calais.
Saint-Servan,	D'Ille & Vilaine.
Saint-Sever,	Des Landes.
Steenword,	Du Nord.
Saint-Thiébault,	De la haute-Marne.
Strasbourg,	Du bas Rhin.
Saint-Trivier,	De l'Ain.
Saint-Tropès,	Du Var.
Saint-Valery,	De la Somme.
Tarascon,	Des Bouches du Rhône.
Tarbes,	Des hautes-Pyrénées.
Tain,	De la Drôme.
Tartas,	Des Landes.
Teste-de-Buch,	De la Gironde.
Thiers,	Du Puy de Dôme.
Tonneins,	De Lot & Garonne.
Toul,	De la Meurthe.
Toulon,	Du Var.
Toulouse,	De la Haute Garonne.
Tournecoupe,	Du Gers.
Tournon,	De l'Ardèche.
Tournus,	De Saone & Loire.
Tours,	D'Indre & Loire.
Troyes,	De l'Aube.

NOMS DES SOCIÉTÉS.	NOMS DES DÉPARTEMENS où elles sont situées.
Tulles,	De la Corrèze.
Valence,	De la Drôme.
Valence,	De Lot & Garonne.
Valenciennes,	Du Nord.
Valognes,	De la Manche.
Vannes,	Du Morbihan.
Varennes, ci-devant en Argonne,	De la Meuse.
Vélaux,	Des Bouches du Rhône.
Vendôme,	De Loir & Cher.
Verdun,	De la Meuse.
Verneuil,	De l'Eure.
Versailles,	De Seine & Oise.
Vezelize,	De la Meurthe.
Vezoul,	Du Jura.
Vic-Fézenzac,	Du Gers.
Vienne,	De l'Isère.
Vierzon,	Du cher.
Villefranche,	De Rhône & Loire.
Villefranche,	De l'Aveiron.
Villeneuve-l'Archevêque,	De l'Yonne.
Villeneuve-le-Roi,	*idem.*
Villeneuve-du-Lot,	Du Lot & Garonne.
Vire,	Du Calvados.
Vitry-le-François,	De la Marne.
Uzès,	Du Gard.
Wissembourg,	Du bas-Rhin.
Yssingeaux,	De la haute-Loire.
Yssoire,	Du Puy de Dôme.

LISTE
DES SOCIÉTÉS
ADMISES A LA CORRESPONDANCE.

NOMS DES SOCIÉTÉS.	*NOMS DES DÉPARTEMENS où elles font situées.*
Populaire de Lyon,..	De Rhône & Loire.
De Clermont-Ferrand, aux Carmes,	Du Puy-de-Dôme.
Du Club du Caffé national, à Bordeaux,	De la Gironde.
De la Section de la Bibliothèque, rue de la Michodière, N°. 5,	De Paris.
De la Section des Thermes de Julien,	De Paris.
Des Indigens, rue Jacob,	De Paris.
Des droits de l'homme & du citoyen, dit le *Club des Cordeliers,*	De Paris.
De la Section de Sainte-Geneviève, rue Galande, N°. 72,	De Paris.

NOMS DES SOCIÉTÉS.	NOMS DES DÉPARTEMENS où elles sont situées.
De l'Egalité, Section, Notre-Dame, rue de la Licorne,	de Paris.
Fraternelle du Palais-Cardinal, aux Minîmes,	Idem.
Des Elèves de la Constitution, rue Mezière, N°. 2,	Idem.
Des Nomophiles, rue Saint-Antoine,	Idem.
Du Bourg-Saint-Esprit-lès-Bayonne,	Des basses-Pyrénées.
Fraternelle de l'un & de l'autre sexe, aux Jacobins, rue St-Honoré,	De Paris.

Société de la Révolution. de Londres.

Paris, le premier Mai 1791.

VILLARS, *Président du Comité de Correspondance.*

Dtn.-Me.-Jh. Rochambeau, *Secrétaire.*